VENTE DE BIENFAISANCE

ORGANISÉE PAR

L'ASSOCIATION DES ARTISTES

Peintres, Sculpteurs, Architectes

Graveurs et Dessinateurs

Au profit de la veuve de A.-C. CORBINEAU

ARTISTE PEINTRE

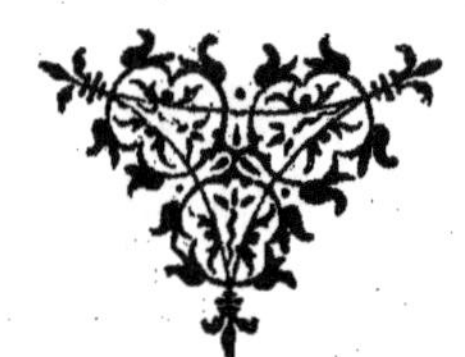

VENTE DE BIENFAISANCE

ORGANISÉE PAR

L'ASSOCIATION DES ARTISTES

Peintres, Sculpteurs, Architectes, Graveurs
et Dessinateurs

Au profit de la veuve de A.-C. CORBINEAU

DE

TABLEAUX

AQUARELLES

Dessins, Gravures, Terres cuites, Bronzes, etc.

OFFERTS PAR LES ARTISTES

HOTEL DROUOT, SALLE N° 1

Les Mercredi 14 et Jeudi 15 Mai 1902

à 2 heures 1/2 précises

COMMISSAIRE-PRISEUR

Me LÉON TUAL, 56, rue de la Victoire.

EXPERTS

M. GEORGES PETIT	**M. G. MEUSNIER**
12, rue Godot-de-Mauroi, 12	27, rue Saint-Augustin, 27

EXPOSITION PUBLIQUE

Le Mardi 13 Mai 1902, de 1 heure 1/2 à 5 heures 1/2

CONDITIONS DE LA VENTE

Elle sera faite au comptant.

Les Acquéreurs paieront *dix pour cent* en sus des prix d'adjudication.

Paris. — Imprimerie Georges Petit, 12, rue Godot-de-Mauroi. — 11925-02.

DÉSIGNATION

---

1 — ADAN (Émile). Une Première leçon.

2 — ADAM (Mᵐᵉ Nanny). Les Martigues (Bouches-du-Rhône).

3 — ALLEAUME (Ludovic). Mater Christi.
  Lithographie originale. 2ᵉ Médaille 1896. Tirage limité à 50.

4 — ARCOS (Santiago). Le Narguileh.

5 — ARDAIL (Albert). — La Petite fille à la houlette.
  Eau-forte.

6 — AROSA (Mˡˡᵉ Marguerite). Marine.

7 — ARUS (R.). Reconnaissance la nuit.

8 — AUGER. Autour de la Mare aux fées. Fontainebleau.

9 — BAADER (L.). — Étude de « La Favorite ».
  Salon de 1901.

10 — BAILLY (Louis). Le Vieil antiquaire.

11 — BALLUE (Pierre). Les Blés. Environs de
    Clisson.

12 — BALOUZET. Temps gris. Bords du Rhône.

13 — BARILLOT. Herbages à Courseulles-sur-Mer.

14 — BARRIAS (Félix). Tombeau de Sainte-Gene-
    viève.
    Esquisse.

15 — BARTHALOT. La Pointe de Malemousque
    (Marseille).

16 — BEAUVAIS (A.). Bergère.

17 — BENJAMIN-CONSTANT. Diane.
    Esquisse-grisaille.

18 — BENNER (Jean). Tête.
    Étude.

19 — BERNE-BELLECOUR. Le Popotier.
    Dessin à la plume.

20 — BERNIER (Camille). Souvenir de Bretagne.

21 — BERTHELON (Eugène). Marine. Soleil cou-
    chant.

22 — BERTON (Armand). Jeune Femme endormie.
    Étude.

23 — BERTRAND (Paulin). En Provence.

24 — BIVA (Henri). Soleil couchant.

25 — BLUM (Maurice). Femme lisant.

26 — BOMBLED. Une halte.
    Offert par sa veuve.

27 — BONHEUR (Mlle Rosa). Têtes de lionceaux.
Dessin.
Offert par Mlle Anna Klumpke.

28 — BONNAT (Léon). Paysage à Saint-Jean-de-Luz.
Dessin à la plume.
Étude du tableau du Luxembourg.

29 — BOQUET (Jules). La jeune mère.

30 — BOUCHARD (Paul). Le Bain à l'Alhambra
(Grenade).

31 — BOUCHÉ. Étude.

32 — BOUCHOR. Chrysanthèmes.

33 — BOUGUEREAU (W.). Étude.
Peinture.

34 — BOURGEOIS (Victor). Enfant nu.

35 — BOURGOIN (Désiré). Promenade en forêt
(Fontainebleau).

36 — BRETON (Jules). Les Meules.

37 — BRISPOT. Intérieur normand.

38 — BUFFET (Paul). Lac d'Abyssinie.

39 — CABIÉ (Louis). Groupe d'arbres (environs de
Saintes).

40 — CACHOUD (F.). Un matin (en Savoie).

41 — CAILLE (Léon). Laveuse.

42 — CARLÈS (Antonin). Buste plâtre.
Étude.

43 — CARPENTIER (E.). Étude de femme.
Peinture sur soie. Nouveau procédé.

44 — CARRIÈRE (Eugène). Tête de femme.

45 — CASSAGNE (Armand). Coucher de soleil en forêt (Fontainebleau).

46 — CASTIGLIONE. Tête de jeune fille.

47 — CAUCHOIS. Panais sauvages en fleurs.

48 — CAUCHOIS DE LA DEVÈZE (Mme). Le coq et la mouche.

49 — CAVÉ (Jules). Tête de jeune fille.

50 — CESBRON (Achille). Jonquilles.

51 — CHAIGNEAU (F.). Paysage.

52 — CHAMPEAUX (O. de). Bords de la Seine.

53 — CHAPERON (Eugène). A l'École.
Dessin à la plume rehaussé d'aquarelle.

54 — CHÉRON (Mlle Fanny). Étude.
Dessin.

55 — CHICOTOT (Georges). Peinture.

56 — CHOISNARD (Félix). Sur les brisants, marine.

57 — CLAIRIN (Georges). Le Désert.

58 — CLAUDE (Eugène). Le Bocal de cornichons.

59 — CLAUDE (Max.). Souvenir de Villers-sur-Mer (Calvados). Cheval au vert.

60 — COCK (César de). Étude prise en Normandie au mois de décembre.

61 — COESSIN DE LA FOSSE. Solitude.

62 — COGGHE (R.). Tête d'étude de « Restitution ».

63 — COLIN-LIBOUR (Mme). Jeune fille dessinant.

64 — COQUELIN (Th.). Melon et raisin (nature morte).

65 — CORMON. Un dessin.

66 — CORPET. Primevères sauvages.
    Lithographie originale.

67 — COUBERTIN (Charles de). Vestibule de l'église de Saint-Marc, à Venise.

68 — COURANT (Maurice). Retour de Terre-Neuve.

69 — DAMBEZA (Léon). Bords de Loire, à Ousson.

70 — DANGER (H.). Uranie.
    Tête d'étude.

71 — DAUMONT (E.) :
    1° Pêches (nature morte).
    Aquarelle gouachée.
    2° Mauvais temps, à Douarnenez.
    Fusain.

72 — DEBON (Edmond). Paysage.
    Aquarelle.

73 — DELAHAYE (François). Forêt de Fontainebleau. Rochers du Mont-Ussy.

74 — DELANCE (Paul). Fleurs d'hiver.

75 — DELOBBE (A.). Tête de jeune fille.

76 — DEMARLE (A.). Étude.
>   Peinture.

77 — DESBROSSES (Jean). La plaine à la Tour-
>   nelle, coupe de bois (soleil couché).

78 — DESCHAMPS (Louis). Tête de bébé.
>   Aquarelle.

79 — DESLIGNIÈRES. La Seine à Andresy.

80 — DETAILLE. Une photographie signée.

81 — DEULLY (Eugène). Le Retour des champs.

82 — DIDIER (J.). Vache à l'abreuvoir.

83 — DOUDEMENT (Gust.). Ramasseuse d'épaves.

84 — DOYEN (G.). Le Parquet (forêt de Fontaine-
>   bleau).

85 — DUBOIS (Alphée). Médaille commémorative
>   de l'inauguration de la mairie du Xe arron-
>   dissement. Grand module (avec écrin).

86 — DUPRÉ (Julien). La Prairie.

87 — DURST (A.). Cour de ferme.

88 — ERNST (R.). Impératrice.

89 — FATH (René). Les Jacinthes sauvages (forêt
>   de Saint-Germain-en-Laye).

90 — FERRIER (Gabriel). Un dessin.

91 — FEYEN (Eugène). Une pêcheuse de crevettes.

92 — FONCE (Camille) :

    1° Une gravure.

      Eau-forte.

    2° Une gravure.

      Eau-forte.

93 — FONTAINE (Emm.). Fascination.

    Groupe plâtre.

94 — FOREAU (Henri). Paysage de l'Aveyron.

95 — FORESTIER (Mlle Alice de). Étude de raisins.

96 — FRIANT (E.). Vieux pêcheur.

97 — GAGLIARDINI. Après-midi radieux.

98 — GAGNEAU (L.). Liseuse.

99 — GALERNE (P.). Saint-Benoit-du-Sault (Indre).

100 — GARAUD (Gustave). Marine. Coucher de soleil sur la mer.

101 — GASSIES (Georges). En automne.

102 — GAUDIN - BELCOUR. Vieilles maisons à Courseulles-sur-Mer (Calvados).

103 — GAULARD (Émile). Un camée sur sardoine blanc chair, de 20 m/m sur 15 m/m. Tête de femme, époque Louis XIII.

104 — GAY (Walter). Une Bretonne.

105 — GELHAY (Édouard). Rêverie.

106 — GÉLIBERT (Jules). **Entrée de forêt (Landes).**

107 — GEOFFROY (Jean). **Tête d'étude.**
Peinture.

108 — GÉROME. — **L'Insulte au lion mort.**

109 — GIACOMELLI (H.). **Une aquarelle.**

110 — GIACOMOTTI (F.). **La Rieuse.**

111 — GILBERT (Victor). **Place du Théâtre-Fran-çais.**

112 — GIRARD (Albert). **L'Étable.**

113 — GLAIZE (Léon). **Un dessin.**

114 — GRANCHI-TAYLOR. **Bretonne.**

115 — GRANDSIRE. **Une lisière de forêt (Hongrie).**

116 — GRIMELUND (J.). **Peinture.**

117 — GROBON (François). **Débâcle.**
Offert par Mme Voile.

118 — GROLLERON (Paul). **Chasseur à cheval.**

119 — GROS (Jules). **La Place de l'Hôtel-de-Ville à Vailly-sur-Aisne.**

120 — GROSJEAN (Henry). **Printemps à Suresnes.**

121 — GUÉRY (Armand). **Petits gardeurs de dindons (Champagne).**

122 — GUILLONNET (Octave). **Un dessin.**

123 — GUINIER (H.). **Coin du port de Volendam.**

124 — HANNAUX (E.). Portrait de M. Henner.
Plaquette bronze.

125 — HAQUETTE. Maître guetteur.

126 — HARPIGNIES. Effet de soir.

127 — HARRISON (ALEXANDRE). Marine.

128 — HENNER. Tête de jeune fille.

129 — HEULLANT (A.). Ophélie.

130 — HUGUET (V.). Campement arabe.

131 — IWILL. A Berck-sur-Mer.
Pastel.

132 — JACOMIN (M.-F.). Paysage. Mare à Fontainebleau.

133 — JANY-ROBERT. Jour de fête.

134 — JEANNIOT (G.). Paysage.

135 — JOBERT (PAUL). Une vague à Étretat.

136 — JUNCKER (F.). Paysage.
Dessin à la stéarine. Procédé de l'auteur.

137 — KARL-ROBERT. 1° Un coin d'étang à Chaville.

2° Le vieux peuplier.

138 — KLUMPKE (Mˡˡᵉ ANNA). Elles font dodo.
Pastel.

139 — KUWASSEG (C.). Marine. Barque de pêche (gros temps).

140 — LA LYRE (A.). Une Sirène.

141 — LA LYRE-LEVESQUES (Mme). Fleurs.

142 — LAMBERT (ALBERT). Veille de fête.

143 — LAMY (P.-F.). La Lecture.

144 — LANDELLE (CHARLES). 1° Petite bouquetière
de Royat.
2° Géranium-lierre.

145 — LAUGÉE (GEORGES). La Pêche de l'étang du
Blizon (Berri).
Esquisse du Salon de 1889.

146 — LAURENS (JEAN-PAUL). Un dessin.

147 — LA VILLETTE (Mme E.). Marine. Falaises du
Portique (Quiberon).

148 — LAZERGES (PAUL). Jeune garçon kabyle.

149 — LÉANDRE. 1° L'Arbre de la gloire et les
grands peintres.
Lithographie.

2° Sur le bal du Déficit (Rœdel, Puvis de
Chavannes, Pelez, Gérome de Montmartre,
reçoivent de l'or qui comblera le déficit).
Dessin au crayon.

150 — LEFEBVRE (JULES). Diane.
Étude.

151 — LEFÈVRE (CAMILLE). Juillet.

152 — LELOIR (MAURICE). Une aquarelle.

153 — LEMAIRE (Mme MADELEINE). Fleurs.
Aquarelle.

154 — LEMAIRE (Louis). Iris.

155 — LEMATTE (F.). Étude pour une République.

156 — LEMÉNOREL (E.). Juliana.

157 — LEMOIGNE (Mlle). Étude de nu.

> Pastel.

158 — LE SENÉCHAL DE KERDRÉORET. L'avant-port du Tréport.

159 — LETOULA (J.) :

> 1° Portrait de Frédérick Lemaître.
>
> Lithographie
>
> 2° Hoffmann.
>
> Lithographie originale.
>
> 3° Molière.
>
> Lithographie originale.

160 — LE VILLAIN (Ernest). Cascade de La Dore (Souvenir du Mont-Dore).

161 — LHERMITTE (Léon). Le Retour du faucheur.

162 — LIOT. Près d'Honfleur (Calvados).

163 — LOBRICHON (Th.). Suzelle.

164 — LOIR-LUIGI. La Route.

165 — LOUTREL. Un Hallebardier.

166 — LUCAS (Désiré). Une lithographie.

167 — MAHLER (Paul). Bull-dog.

168 — MAIGNAN (Albert). Une aquarelle.

169 — MAIGRET (Georges). Confluent de l'Oise.

170 — MARCHÉ (Ernest). Le Soir.

171 — MAREC (Victor). Le Trombone.

172 — MARIOTON (Claudius). La Force.
Médaillon bronze.

173 — MARTIN (Mlle Suzanne). Bourriche d'œillets.

174 — MASSÉ (J.). Effet de neige. Nanteuil-les-
Meaux (Seine-et-Marne).

175 — MASURE (Jules). 1° Marine.
2° Marine.

176 — MATHIEU-MEUSNIER. Cupidon.
Buste terre cuite.
Offert par Mme veuve Mathieu-Meusnier.

177 — MÉNARD (E.-R.). Étude de nu.

178 — MERCIER (Mlle Louise). Poésie des bois.
Pastel.

178 *bis* — MERSON (Luc-Olivier). Les Nornes (Cré-
puscule des Dieux).
Dessin.

179 — MEZZARA (François). Hallali du sanglier.

180 — MONTHOLON (F. de). Peinture.

181 — MORLOT (Alexis-Alphonse). Un Lever de
lune.

182 — MOUILLARD (Lucien. Les Sources de
Biskra.

183 — MURATON (Mme). Geais et pivert.

184 — NORGEU-LOUCMAN (Mme). Fleurs et fruits.

185 — NOZAL (Alexandre) :

> 1° Étang de Saint-Cucufa.
>
> Peinture.
>
> 2° Nocturne. La Seine au Petit-Andely.
>
> Pastel.

186 — OLIVETTI (S.). Nature morte.

187 — PÉCRUS (C.). Marine.

188 — PÉGOT (Bernard). La Fontaine de Toulouse (projet de calendrier).

> Pastel.

189 — PERRAULT (Léon). Bords de la Juine (Lardy), paysage.

190 — PETIT-GÉRARD. Un Zouave.

191 — PEZANT (A.). Un clos à Montjavoult (fin d'été).

192 — POPELIN (Mlle Magdeleine). Coin de bois dans le Morvan.

> Aquarelle.

193 — PRIOU (Louis). Un Bon pour un portrait, tête grandeur nature, sur un toile de 12 ou 15. Valeur 1.000 francs. Valable jusqu'au 30 juin 1902.

194 — PROUST (G.). Nature morte.

195 — QUIGNON (F.). Étude d'avoines.

196 — QUINET (C.). Soleil couchant à Villeneuve-
l'Étang.

197 — REY (Augustin). Fin du jour (côtes, de Normandie).

197 *bis* — RIVA-MUNOZ (Mme DE LA). Roses.
Pastel.

198 — RIVOIRE (François). Roses.
Aquarelle

199 — ROBERT-FLEURY (Tony). Étude.
Grisaille.

200 — ROSSERT (Mme Marguerite). Femme nue.
Miniature.

201 — ROULLET (Gaston). Entrée du port de
Chioggia (Italie).

202 — ROYER (Henri). Étude pour « La Madeleine ».

203 — SAIN (Édouard). Profil de rousse.

204 — SAINT-GERMIER. Étude.

205 — SAINTPIERRE (Gaston). Une figure du tableau de la « Noce juive ».

206 — SAUZAY (A.). A Tournedos (Eure).

207 — SCHMITT (Paul). Le vieux Chemin (Quim-
perlé).

208 — SCHREIBER (Charles). Un Cardinal.

209 — SCHRYVER (Louis de). Expression d'amour.

210 — SCHUTZENBERGER (René). Un Paysage.

211 — SCOTT DE PLAGNOLLE (G.). Cuirassiers.

212 — SÉBILLEAU (Paul). Peinture.

213 — SERRIER. Dans la Brie.
 Étude.

214 — SÉZILLE DES ESSARTS (P.). Un pastel.

215 — SIMONNET (Lucien). Paysage.

216 — SINIBALDI (Paul). En Normandie.

217 — SONREL (Mlle Élisabeth). Petite Hollandaise.

217 *bis* — SOUZA-PINTO. Vieux Breton.
 Pastel.

218 — STONGUE (Édouard). Les Droits de l'Homme.
 Lithographie.

219 — SUAU (Edmond). Nature morte.

220 — TANNER. L'Orage.

221 — TATTEGRAIN. Paysage d'avril.

222 — TENRÉ. Un dessin.

223 — TINAYRE (Julien). La petite Laitière.
 D'après Ribot.

224 — TRANCART (Mlle Alice). Étude.
 Peinture.

225 — VAUTHIER (Pierre). La Seine à Andresy.

226 — VAYSON (Paul). Le Berger.

227 — VERLET. Buste d'enfant.
>Plâtre.

228 — WAHLBERG (A.). Marine. Étude à Saint-Guénolé (Bretagne).

229 — WALTNER (Charles). Victor Hugo offrant sa lyre à la Ville de Paris.
>D'après Puvis de Chavannes.
>Eau-forte.

230 — WATELIN (L.). Animaux au bord de la mer.

231 — WENCKER (J.). Un dessin.

232 — WORMS (J.). Un majo andalou.